CARTEA COMPLETĂ DE CURAT DE MAHMHUMURALĂ

100 DE REȚETE INCREDIBILE PENTRU ZIUA DUPĂ O BĂUTURĂ MARE

Mirabela Manolache

Toate drepturile rezervate.

Disclaimer

Informațiile conținute în această carte electronică sunt menite să servească drept o colecție cuprinzătoare de strategii explorate de autorul acestei cărți electronice. Rezumatele, strategiile, sfaturile și trucurile sunt doar recomandările autorului, iar citirea acestei cărți electronice nu garantează că rezultatele dvs. vor reflecta cu acuratețe constatările autorului. Autorul cărții electronice a depus toate eforturile rezonabile pentru a oferi informații actuale și exacte pentru cititorii cărții electronice. Autorul și colaboratorii săi nu vor fi făcuți responsabili pentru erorile sau omisiunile neintenționate care pot fi găsite. Materialul din cartea electronică poate conține informații de la terți. Materialele terțelor părți conțin opinii exprimate de proprietarii lor.

Cartea electronică este Copyright © 2022 cu toate drepturile rezervate. Este ilegal să redistribuiți, să copiați sau să creați lucrări derivate din această carte electronică, integral sau parțial. Nicio parte a acestui raport nu poate fi reprodusă sau redistribuită sub nicio formă fără permisiunea scrisă expresă și semnată a autorului.

CUPRINS

CUPRINS 3

INTRODUCERE 7

MIC DEJUN 8

   1.   Crema de lamaie cu mure 9
   2.   Muesli la micul dejun 11
   3.   Iaurt raw vegan 13
   4.   Chipsuri de fructe de padure crude 15
   5.   Terci de turmeric de hrisca 18
   6.   Baton de migdale cu semințe de mac 20
   7.   Mic dejun Zinger Bars 22
   8.   Mango Căpșuni Cereale Crude 24
   9.   Rulouri cu scorțișoară crudă 26
  10. Chai de ciocolată albă 28
  11. Ciocolata fierbinte cu lapte 30
  12. Ciocolata calda chili 32
  13. Pâine prăjită cu avocado și ouă 34
  14. Brioșă cu slănină, ou și brânză 37
  15. Caserolă de mic dejun cu bacon și ouă 39
  16. Terci de ovăz din Caraibe 42

APERURI ȘI GUSAȚI 44

  17. Murături de castraveți tăiate felii 45
  18. Igname confiate 47
  19. Avocado umplut cu salata de varza 49
  20. Rulouri de dovlecel crud 51
  21. Ciuperci umplute cu pesto de caju 53
  22. Salata Caprese de avocado 55
  23. Bărci Taco crude 57
  24. Nachos cu mere 59
  25. Crunch de cacao 61
  26. Chili Poppers 64

27. Chips Napa cu brânză și ceapă 66
28. Nuci Caramelizate 69

FORM PRINCIPAL 71

29. Ambalaje crude 72
30. Biluțe nefierte fără carne 74
31. Taitei de morcovi cruzi 76
32. Paste cu dovlecel 78
33. Sandviș cu salată verde 80
34. Conopidă Broccoli „Orez" 82
35. Taitei de dovlecel cu seminte de dovleac 84
36. Rulouri de primăvară vegane 86
37. Ciuperci marinate cu lamaie si patrunjel 88
38. Linguine Arrabbiata 91
39. Creveți cu mahmureală 94
40. Rulouri de cârnați de miel cu iaurt harissa 96

SUPE 99

41. Supă cehă de usturoi 100
42. Supă de mahmureală 103
43. Supă coreeană de mahmureală 106
44. Supă de sfeclă roșie 108
45. Supă Dal amestecată 110
46. Supă de cupolă liniștitoare 112
47. Supă albă de dovleac și nucă de cocos 114
48. Supă Mung întreagă 116
49. Supă de conopidă cu turmeric auriu 118
50. Supa pentru imunitate 121
51. Supa de spanac 123
52. Supă energetică 125
53. Supă de ciuperci Shiitake 127
54. Supă de ardei roșu 129
55. Supă de morcovi și ghimbir 131
56. Supa de ciuperci 133

SALATE 135

57.	Varză cu merișor	136
58.	Salata picanta de legume	138
59.	Salată de sfeclă roșie	140
60.	Salată de varză și rodie	142
61.	Salata de morcovi si rodii	144
62.	Salata de castraveti	146
63.	Salată de ajutor pentru mahmureala	148
64.	Paste Toss	150
65.	Salata de fericire	152
66.	Salată de ridichi Daikon	154
67.	Salată de dovleac crud	156
68.	Salată de grepfrut de varză roșie	158
69.	Salată dulce de varză roșie	160
70.	Salată Thai Som Thum	162
71.	Salată cremoasă de semințe de dovleac și fenicul	164
72.	Salată de roșii, ceapă roșie și fenicul	166

DESERT 168

73.	Rulouri moale de brânză	169
74.	Mini prajituri de morcovi cu portocale	171
75.	Mini Tarte cu Lime	174
76.	Mini prăjituri cu mousse de cacao	177
77.	Toffee de ciocolată	180
78.	Budincă de avocado cu ciocolată crudă	182

SMOOTHIES 185

79.	Smoothie verde	186
80.	Smoothie cu mentă și ananas	188
81.	Smoothie cu cireșe și cocos	190
82.	Smoothie cu iaurt de mango	192
83.	Smoothie cu mandarine tropicale	195
84.	PB și Smoothie de căpșuni	197
85.	Morcov Mango Nucă de Cocos	199
86.	Ghimbir Pina Colada	201
87.	Kale cu cireșe și afine	203
88.	Zmeura Banana Chia	205

89.	BOL PENTRU SMOOTHIE CU GOJI, MANGO ȘI BAOBAB	207
90.	CEAI DE YOGA FĂRĂ COFEINĂ	209
91.	APA DE ANGHINARE	211
92.	FECIOARA MARIA	213
93.	APĂ NATURALĂ CU VITAMINE	215
94.	TONIC DETOXIFIANT CU ANANAS ÎN STICLĂ	217
95.	CEAI DE GHIMBIR	219
96.	SMOOTHIE CU AFINE ȘI SPANAC	221
97.	SMOOTHIE VERDE CU SMOCHINE	223
98.	MIC DEJUN KIWI	225
99.	BOL CU DOVLECEI, PERE ȘI MERE	227
100.	AVOCADO ȘI FRUCTE DE PĂDURE	229

CONCLUZIE **231**

INTRODUCERE

Apar mahmurealele. Ieși doar la un pahar de vin sofisticat cu colegii tăi. Următorul lucru pe care știi că ești la al treilea, acea masă gătită acasă se transformă într-o cină lichidă, iar când alarma sună a doua zi te trezești cu ochii încrucișați și confuz.

Indiferent dacă îți poftești un suc verde sau simți nevoia să-ți arunci capul într-o găleată de vafe, aceste rețete de mahmureală te vor duce de la zero la (aproape un) erou.

Lista începe cu micul dejun bun și sănătos și progresează la rețetele lipicioase, grase și brânzeturi care vă vor face să cânte sufletul mahmureala.

MIC DEJUN

1. Crema de lamaie cu mure

Face 4 portii

Ingrediente

- 1 cană de caju, înmuiate în apă timp de 8 ore, clătite și scurse
- 1 cană nucă de cocos proaspăt tocată
- coaja a 3 lămâi
- 1 cană de apă
- 4 căni de mure coapte

Directii

a) Puneți caju, nuca de cocos, sucul de lămâie, coaja de lămâie și apa într-un robot de bucătărie și amestecați până devin cremoase și netede.

b) Se toarnă lemon coagul într-un recipient care se etanșează.

c) Pune cașul acoperit la frigider până este gata de servire.

d) Se toarnă quarcul în boluri de servire și se ornează cu mure.

2. Muesli la micul dejun

Porție: 1 porție

Ingrediente

- 3/4 cană nuci crude
- 10 curmale medii, înmuiate și fără sâmburi
- 1 cană de fructe proaspete, de preferință mango, fructe de pădure sau banane
- 1 lingură nucă de cocos crudă proaspătă rasă
- lapte de nuca, dupa gust

Directii

a) Folosind un robot de bucătărie, procesați nucile și curmalele împreună până când nucile sunt măcinate aproape fin.

b) Se amestecă într-un bol cu fructe proaspete și fulgi de cocos.

c) Aromăm cu lapte de nuci.

3. Iaurt raw vegan

Porții: 4

Ingrediente

- 1 cană nuci de macadamia sau caju, înmuiate timp de 2 ore
- 1 cană de apă filtrată
- 1 lingura suc de lamaie

Directii

a) Puneți nucile în blender cu jumătate din apă. Se amestecă timp de 20 de secunde și se adaugă apa rămasă.

b) Se amestecă până când se obține o consistență cremoasă, netedă.

c) Transferați amestecul într-un borcan de sticlă curat și acoperiți cu folie de plastic ținută în loc cu o bandă de cauciuc. Se lasă la fermentat într-un loc cald timp de 16 până la 24 de ore.

d) Cu cât stă mai mult; cu atât va avea loc mai multă fermentație.

e) Adăugați sucul de lămâie, dacă folosiți, și lăsați-l la frigider.

4. Chipsuri de fructe de padure crude

Porții: 6-8

Ingrediente

- 30 uncii fructe de padure amestecate (capsuni, afine, zmeura)
- 2 cani de nuci crude sau nuci pecan crude
- 1/4 cană fulgi de ovăz nefierți
- 2 linguri sirop de artar
- 1/4 lingurita praf de ceapa

Directii:

a) Într-un castron mare, amestecați căpșunile feliate și alte fructe de pădure spălate.

b) Pregătiți toppingul într-un robot de bucătărie, amestecând toate ingredientele până când se combină.

c) Într-o caserolă de 1,4 litri, adăugați cea mai mare parte din amestecul de fructe de pădure, lăsând aproximativ câteva linguri. Întindeți uniform.

d) Acum turnați cea mai mare parte din topping peste fructe de pădure, rezervând câteva linguri.

e) Acum presara fructele de padure ramase deasupra si la final restul de topping.

f) Se serveste imediat sau se da la frigider 1 ora.

5. Terci de turmeric de hrisca

Portie 1

Ingrediente

- 1/2 cană crupe de hrișcă crude
- 1/3 cană lapte de ovăz, migdale sau soia
- 1 banană, curățată și tocată
- 1/3 lingurita turmeric macinat
- 1 praf de piper negru macinat

Directii

a) Adăugați toate ingredientele în borcanul blenderului sau în borcanul blenderului de mână și amestecați ca și cum nu ar exista mâine. Un robot de bucătărie mic îl va amesteca, dar s-ar putea să nu îl obțineți la fel de neted.

b) Serviți, completat cu tot ce vă dorește inima.

c) Fructele proaspete, granola crocantă, vârfurile de cacao și nucile prăjite sunt toate delicioase.

6. Baton de migdale cu semințe de mac

serveste 1

Ingrediente

- 3 linguri de mac, macinate
- 5-7 curmale, tocate mărunt
- ⅓cană și 1 lingură lapte de migdale
- ¼ linguriță de scorțișoară

Directii

a) Se amestecă toate ingredientele și se lasă la frigider peste noapte.

b) Scoateți, amestecați și savurați.

7. Mic dejun Zinger Bars

Pentru 5-6 portii

Ingrediente

- 10 curmale Medjool fără sâmburi
- 1/4 cană fructe de pădure aurii
- 1 cană fulgi de ovăz fără gluten
- coaja de lamaie

Directii

a) Puneți ovăzul în robotul de bucătărie și procesați până când ovăzul se rupe în bucăți mici.

b) Adăugați boabele aurii, curmalele și lămâia și procesați până când amestecul devine lipicios.

c) Odată ce amestecul este lipicios, apoi modelați-l în batoane.

d) Dă blaturile la frigider timp de o săptămână. Simțiți-vă liber să dublați cantitatea pentru a face mai multe Zinger Bars!

8. Mango Căpșuni Cereale Crude

Porții: 1

Ingrediente

Cereale

- 1 1/2 cană mango congelat
- 1 1/2 cană căpșuni congelate
- 1/2 cană Rawnola fără cereale

Lapte de banane

- 2 banane coapte

- 1 cană de apă

Directii

a) Într-un robot de bucătărie, combinați mango-ul congelat și căpșunile congelate. Procesați în bucăți de mărimea unui pietricele. Nu te suprasolicita sau vei avea o cremă bună.

b) Se toarnă într-un bol și se pune la congelator.

c) Amestecați banana și apa pentru a face laptele de banane. Ajustați la consistența dorită cu mai multă/mai puțină apă.

d) Scoateți granola din congelator, amestecați Rawnola, completați cu lapte și bucurați-vă!

9. Rulouri cu scorțișoară crudă

Porții: 3-5

Ingrediente

- 15 curmale bio, fără sâmburi
- 4 banane mari bio coapte
- 1/2 lingurita scortisoara organica
- Opțional: vanilie
- Opțional: condimente suplimentare

Directii

a) Tăiați bananele vertical în 3 bucăți.

b) Stropiți bananele cu scorțișoară și puneți-le într-un deshidratator la 115F timp de 6-8 ore.

c) Pune toate curmalele într-un blender de mare viteză cu un praf de scorțișoară, opțional vanilie și apă.

d) Odată ce bananele pot fi manipulate fără să se rupă, dar nu sunt complet uscate, feliați-le și întindeți caramelul deasupra.

e) Rulați banana cu caramel în jurul ei pentru a forma un rulou. Acoperiți chiflele cu mai mult caramel de curmale, dacă doriți. Stropiți blatul cu scorțișoară.

f) Puneți înapoi în deshidrator timp de 6 ore până când se încălzește.

10. Chai de ciocolată albă

Face 4 portii.

Ingrediente

- 3 1/2 căni de apă caldă
- 1/2 cană caju
- 1/4 cană pudră de mezquite
- 3 lingurițe de pudră de lucuma
- 3 lingurițe de xilitol sau îndulcitor la alegere
- 2 lingurite unt de cacao
- 1 lingurita pudra de maca

- 1/2 linguriță amestec de condimente Chai masala sau după gust

Directii

a) Se amestecă totul la cel mai înalt nivel timp de aproximativ 1 minut.

b) Serviți în cupe încălzite.

11. Ciocolata fierbinte cu lapte

Face 3 portii.

Ingrediente

- 2 1/2 căni de apă caldă
- 1/4 cană pudră de roscove
- 1/4 cană pudră de lucuma
- 1 baton mic de unt de cacao
- 2 lingurite de zahar din floare de cocos
- 2 lingurite caju sau 2 lingurite unt de nuci

Directii

a) Se amestecă totul la mare până când este cald și omogen.

b) Serviți în cupe încălzite.

12. Ciocolata calda chili

Face 4 portii.

Ingrediente

- 3 căni de apă caldă
- 1 cană caju
- 1/2 cană miere sau îndulcitor la alegere
- 1/4 cană pudră de cacao
- 1 baton mic de unt de cacao sau ulei de cocos
- 1 praf de sare
- Chili după gust

Directii

a) Se amestecă totul la maxim timp de aproximativ 1 minut și se servește în căni preîncălzite.

13. Pâine prăjită cu avocado și ouă

Ingrediente

- ¼ de avocado fără semințe și curățat de coajă
- 1 felie de pâine integrală sau pâine la alegere
- Sare de mare dupa gust
- Piper negru proaspăt spart după gust
- Ouă prăjite
- ½ lingură de unt
- 1 ou
- Omletă
- ½ lingură de unt
- 2 oua
- Ouă fierte
- 2 oua
- Oua ochiuri
- 2 lingurite otet alb
- 1 ou

Directii

a) Pâinea prăjită într-un prăjitor de pâine până devine aurie și crocantă, puneți sfertul de avocado peste pâine prăjită, feliați-o și zdrobiți-o peste pâine prăjită. Acoperiți cu ouă la alegere și asezonați cu sare și piper, după gust.

b) Pentru ouă prăjite: Se încălzește untul într-o tigaie antiaderentă la foc mediu-mare până se încinge. Rupeți oul pe tigaie și reduceți imediat focul la mic. Gatiti neacoperit pana cand albusurile sunt complet intarite si galbenusurile sunt ingrosate dupa bunul plac, aproximativ 5-7 minute.

c) Pentru omletă: Se încălzește untul într-o tigaie antiaderentă la foc mediu-mare până se încinge. Bateți ouăle într-un castron mic, apoi turnați cu grijă în centrul tigaii. Când marginile încep să se întărească, începeți să pliați ușor ouăle până când ouăle sunt fierte, aproximativ 2-3 minute.

d) Pentru ouă fierte: Puneți ouăle într-o cratiță. Turnați apă rece peste ouă până când sunt complet scufundate. Aduceți apa la fierbere, apoi reduceți focul la mic și gătiți conform gradului de fierbere dorit: 4 minute pentru fiert MOALE; 6 minute pentru fiert MEDIU; 12 minute pentru fiert tare. Pregătiți un bol cu apă cu gheață. Transferați ouăle fierte în apă cu gheață pentru a se răci complet înainte de a le curăța.

e) Pentru ouăle poșate: Aduceți o oală mare cu apă la fiert. Spargeți un ou într-un castron mic. Se amestecă oțetul în apă și se creează un vortex cu apa clocotită. Reduceți căldura, astfel încât apa să creeze un fierbere în fundul oalei. Apoi, adăugați cu grijă oul în mijlocul oalei și gătiți timp de 3-4 minute, conform gradului de preparare dorit. Scoateți oul cu o lingură cu fantă.

14. Brioșă cu slănină, ou și brânză

Ingrediente

- 5 ouă mari
- 1/4 lb. (125 g) bacon gătit crocant, mărunțit
- 1 cană cheddar ras, sau orice brânză doriți
- Sare si piper proaspat crapat, dupa gust
- 1/2 lingurita condimente italiene
- 1/2 linguriță fulgi de ardei iute mărunțiți

Directii

a) Pentru a face brioșe cu ouă cu slănină: preîncălziți cuptorul la 400 ° F (200 ° C).

b) Ungeți o tavă de brioșe de 6 conturi cu ulei sau spray de gătit antiaderent. Pus deoparte. Într-un castron mare, spargeți ouăle și amestecați împreună cu sare și piper negru.

c) Se amestecă slănină fiartă, brânză cheddar, condimente italiene și fulgi de ardei iute roșu (dacă folosiți).

d) Împărțiți uniform în cupe de brioșe umplute fiecare cu aproximativ 2/3 pline. Acoperiți cu mai multă slănină și brânză, dacă doriți. Coaceți brioșele cu ouă în cuptorul preîncălzit timp de 12-15 minute, sau până când se fixează.

15. Caserolă de mic dejun cu bacon și ouă

PORȚII 10

Ingrediente

- 1 lb. slănină, tăiată în fâșii de 1/2 inch
- 1 ceapa galbena taiata cubulete
- 1 semințe de ardei gras roșu îndepărtate și tăiate cubulețe
- 3 catei de usturoi tocati
- 12 ouă mari
- 1 cană lapte
- 3 căni de cartofi congelați tăiați cubulețe pe care nu trebuie să-i dezghețați sau să gătiți cartofii
- 2 căni de brânză cheddar mărunțită, împărțite
- 1 1/2 linguriță sare
- 1/2 lingurita piper negru
- 2 cepe verde tocate

Directii

a) Încinge cuptorul la 350°F. Ungeți o tavă de copt de 9x13 cu spray antiaderent și lăsați deoparte.
b) Într-o tigaie mare, gătiți baconul la foc mediu, amestecând din când în când. Gatiti pana devine o culoare maronie crocanta. Scoateți baconul cu o lingură cu fantă și puneți-l pe o farfurie tapetată cu un prosop de hârtie. Tăiați grosier slănina și lăsați-o deoparte.
c) Adăugați ceapa și ardeiul roșu în tigaie și gătiți la foc mediu până se înmoaie. Adăugați usturoiul și gătiți timp de 2 minute. Pus deoparte.

d) Într-un castron mare, bateți ouăle și adăugați laptele. Se amestecă legumele fierte, cartofii și 1 cană de brânză mărunțită. Pune ¾ de cană de bacon deoparte și amestecă restul. Asezonați cu sare și piper.

e) Turnați amestecul în vasul de copt pregătit și puneți deasupra brânzei rămase și ceapa verde. Coaceți timp de 20 de minute, astfel încât ouăle să înceapă să se stabilească. Adăugați cu grijă slănina rămasă în partea de sus a caserolei. Coaceți încă 20 până la 30 de minute sau până când ouăle sunt tari și blatul este ușor auriu. Se lasa sa stea 10 minute. Tăiați în pătrate și serviți cald.

16. Terci de ovăz din Caraibe

Ingrediente
- 1 cană de ovăz rulat
- 3 căni de apă, împărțite
- 1 baton baton de scortisoara
- 1/4 cană stafide, clătite
- 1/2 lingurita de nucsoara proaspat rasa
- 2 linguri de zahar, mai mult dupa gust
- 1/4 cană lapte integral, mai mult după gust

Directii
a) Înmuiați ovăzul în 1 cană de apă timp de 4 minute.
b) În timp ce ovăzul se înmoaie, aduceți cele 2 căni de apă rămase și batonul de scorțișoară la fiert la foc mediu.
c) Când apa fierbe, adăugați ovăzul înmuiat împreună cu orice lichid de înmuiere rezidual.
d) Se amestecă stafidele clătite și se reduce la foc mic.
e) Acoperiți oala și gătiți timp de 5 până la 6 minute sau până când amestecul devine foarte gros.
f) Se ia de pe foc si se arunca batonul de scortisoara. Se amestecă nucșoara proaspăt rasă, zahărul și laptele integral.

APERURI ȘI GUSAȚI

17. Murături de castraveți tăiate felii

Face aproximativ 1 cană

Ingrediente

- 1 cană de castraveți, tăiați în felii de $\frac{1}{4}$ inch
- 1 lingurita praf de ceapa
- 2 linguri suc de lamaie

Directii

a) Se amestecă ingredientele într-un bol de amestecare. Puneți într-o presa de castraveți sub presiune.

b) Sau puneți o farfurie peste amestecul din bol și stivuiți farfurii grele deasupra.

c) Se lasa la temperatura camerei o zi.

d) Aceasta se va păstra la frigider câteva zile.

18. Igname confiate

Servit 4

Ingrediente:

- 4 igname sau cartofi dulci, decojiti
- 1 sau 2 linguri de miere crudă sau nectar de agave crud

Directii

a) Într-un robot de bucătărie echipat cu lama S, procesați ignamele până la omogenizare.

b) Adăugați puțin câte puțin îndulcitorul, procesând de fiecare dată când îl adăugați, apoi gustând până când se ajunge la dulceața dorită.

19. Avocado umplut cu salata de varza

Porții: 4

Ingrediente

- 2 căni de varză roșie mărunțită
- 3/4 cană morcov ras
- 1/2 cană ceapă roșie rasă
- suc de 1 lime
- 2 avocado, tăiate la jumătate și fără sămânță

Directii

a) Într-un castron mediu, amestecați ambele varze, morcovul și ceapa roșie

b) Se toarnă sucul de lămâie peste amestecul de varză și se amestecă.

c) Faceți cu grijă câte o gaură în fiecare jumătate de avocado. Umpleți cu salată de varză și bucurați-vă!

20. Rulouri de dovlecel crud

Porții: 3

Ingrediente

- 1 dovlecel mediu
- 150 g cremă de brânză caju
- 2 linguri suc de lamaie
- 5 frunze proaspete de busuioc
- O mână de nuci

Directii

a) Într-un castron, amestecați brânza de caju cu sucul de lămâie și busuioc proaspăt tocat.

b) Adaugati o mana de nuci tocate.

c) Cu ajutorul unui curățător de cartofi, tăiați fâșii lungi din dovlecel

d) Puneți aproximativ 1 linguriță de amestec de brânză pe fiecare fâșie.

e) Rulați fâșiile de dovlecel peste amestecul de brânză și decorați cu busuioc proaspăt.

21. Ciuperci umplute cu pesto de caju

Porții 12 ciuperci

Ingrediente

- 10 uncii. Ciuperci cremini întregi, tulpinile centrale îndepărtate
- 15-20 de frunze mari de busuioc
- Sucul și coaja de la 1 lămâie
- 2/3 cană caju crude
- Piper negru după gust

Directii

a) Într-un robot de bucătărie sau blender, combinați busuiocul, sucul de lămâie și caju.

b) Se condimenteaza cu piper si puls robotul de bucatarie pana se toaca grosier.

c) Mixați până când pesto-ul este omogen și cremos, aproximativ 30 de secunde.

d) Puneți capacele de ciuperci, cu partea deschisă în sus, pe un platou de servire. Pune pesto-ul în capacele de ciuperci.

e) Se adaugă coaja de lămâie și se ornează cu o nucă de caju întreagă.

22. Salata Caprese de avocado

Porții: 6 porții

Ingrediente

- 4 roșii de mărime medie
- 3 avocado de talie medie
- 1 buchet mare de busuioc proaspăt
- 1 lamaie suc

Directii

a) Tăiați avocado în jurul ecuatorului și îndepărtați sâmburele. Tăiați inele, apoi îndepărtați coaja.

b) Puneți ușor feliile de avocado în sucul de lămâie.

c) Roșii feliate.

d) Așezați feliile de roșii, feliile de avocado și frunzele de busuioc. Bucurați-vă!

23. Bărci Taco crude

portii 4

Ingrediente

- 1 cap de salata romana
- 1/2 cană hummus de sfeclă crudă
- 1 cană de roșii cherry tăiate în jumătate
- 3/4 cană de varză roșie feliată subțire
- 1 avocado mediu copt (tacat cubulete)

Directii

a) Aranjați bărcile de salată pe un platou de servire și umpleți cu 1-2 linguri (15-30g) de hummus.

b) Apoi acoperiți cu roșii, varză și avocado.

24. Nachos cu mere

Randament: 1

Ingrediente

- 2 mere la alegere
- ⅓ cană unt natural de nuci
- o mână mică de nucă de cocos rasă
- Presărați scorțișoară
- 1 lingura suc de lamaie

Directii

a) Mere: spălați, curățați și tăiați merele în felii de $\frac{1}{4}$ inch.

b) Puneți feliile de mere într-un castron mic cu sucul de lămâie și amestecați.

c) Unt de nuci: Încălziți untul de nuci până când se încălzește și curge ușor.

d) Stropiți untul de nuci într-o mișcare circulară de la centrul plăcii până la marginea exterioară.

e) Se presara cu fulgi de cocos si se presara cu scortisoara.

25. Crunch de cacao

Ingrediente:

- 3 căni de hrișcă, activată și uscată
- 1 cană niburi de cacao
- 1 cană stafide
- 1 cană de pastă de cacao (240 g masă solidă)
- 2 cesti unt de cacao (480 g unt solid)
- 1/2 cană pudră de lucuma
- 1 cană zahăr de cocos
- 1/2 lingurita sare

Directii

a) Pune hrișca, sâmburele și stafidele în congelator înainte de a începe să topești cacao.

b) Topiți untul de cacao și pasta de cacao împreună folosind o boiler sau un boiler cu apă caldă.

c) Adăugați lucuma, zahărul de cocos și sarea și amestecați ușor până se combină bine.

d) Luați focul.

e) Amestecați hrișca rece, stafidele și niburile.

f) se amestecă constant.

g) Pe măsură ce totul se răcește, întregul amestec va începe să se îngroașe.

h) În acest moment, lucrând foarte repede cu mâinile, prăbușiți amestecul acoperit în orice tăvi doriți (folosim tăvile noastre solide pentru uscător de foi). Granola va fi acum setată la temperatura camerei, dar o puteți lăsa la frigider sau congelator aproximativ 15 minute pentru a accelera procesul.

i) Păstrați într-un recipient ermetic într-un loc răcoros și întunecat, poate la frigider vara.

j) Umple un borcan de 3 litri.

26. Chili Poppers

Face 12 poppers.

Ingrediente

- 12 ardei iute jalapeno proaspete
- 1/2 cană brânză cremoasă de nuci
- 1/3 cană semințe de in aurii, măcinate
- 1/3 cană apă

Directii

a) Tăiați partea de chili.

b) Scoateți semințele cu o lingură mică.

c) Folosind o pungă, stoarceți brânza cremoasă în fiecare chili.

d) Amestecați semințele de in și apa la maxim timp de aproximativ 45 de secunde pentru a forma un aluat fin.

e) Înmuiați fiecare chili în aluat. Adăugați mai multă apă în aluat dacă devine prea gros.

f) Se usucă timp de 24 de ore sau până devine crocantă.

27. Chips Napa cu brânză și ceapă

Face aproximativ 5 boluri.

Ingrediente

- 750 g varză chinezească, rasă
- 2 căni de caju
- 1 cană de apă
- 1/4 cană drojdie nutritivă
- 1/4 cană ceapă
- 2 lingurite suc de lamaie
- 2 lingurițe pudră de muștar fierbinte
- 1 lingurita de usturoi, tocat - optional
- 1/2 lingurita piper alb - optional
- sare grunjoasă pentru a măcina la final

Directii

a) Se amestecă toate ingredientele, cu excepția varzei și a sarii, la viteză mare până se omogenizează, aproximativ 1 minut.

b) Se adaugă la varza chinezeasca și se maseaza.

c) Puneți pe foi de uscător ferme și măcinați sare grunjoasă peste ele.

d) Se usuca timp de 12 ore si se desprinde de pe placile fixe.

e) Se usucă pe tăvi pentru încă 24-48 de ore sau până devine foarte crocantă.

f) Depozitați într-un recipient ermetic, într-un loc răcoros și întunecat.

28. Nuci Caramelizate

Face 4 cani.

Ingrediente

- 3 cesti amestecate de nuci si seminte - migdale, alune, dovleac si floarea soarelui
- 1 cană stafide
- 1/2 cană apă
- 1/2 lingurita scortisoara
- 1 lingurita susan
- 1 praf de sare

Directii

- Puneți toate nucile și semințele într-un castron și lăsați-le deoparte.

a) Amestecă totul până la omogenizare.

b) Se toarnă amestecul peste semințe și nuci și se amestecă bine. Asigurați-vă că totul este bine acoperit.

c) Întindeți pe șervețele ferme.

d) Presaram seminte de susan deasupra si pune-le in deshidrator pentru aproximativ 24 de ore.

e) Se desprinde de pe placile fixe si se usuca inca 16-24 ore.

FORM PRINCIPAL

29. Ambalaje crude

3 portii

Ingrediente

- 3 împachetări cu spanac
- 1 avocado
- suc de 1 lămâie
- 1 nap mare
- 1 dovlecel mare

Directii

a) Tăiați sfecla subțire și dovlecelul pe o mandolină, răzătoarea de brânză sau o spiralizer. Pune deoparte.

b) Se zdrobește pulpa de avocado cu sucul de lămâie până obții un amestec destul de neted. Răspândește asta peste toate împachetările tale.

c) Apoi puneți legumele tăiate felii subțiri și înfășurați strâns, dar ușor.

d) Lăsați să se odihnească 5 minute, apoi tăiați în jumătate cu un cuțit ascuțit și bucurați-vă!

30. Biluțe nefierte fără carne

Ingrediente

- 1 cană semințe crude de floarea soarelui
- ½ cană + 1 lingură unt de migdale crud
- 4 roșii uscate la soare, înmuiate
- 3 linguri busuioc proaspăt, tocat
- 1 lingurita ulei de nuci

Directii

a) Combinați toate ingredientele în robotul de bucătărie și amestecați până când amestecul ajunge la o textură aspră.

b) Scoateți amestecul în lingurițe grămadă și modelați fiecare bilă.

c) Acest amestec poate fi servit sub formă de bile peste tăiței de dovlecei cruzi.

31. Taitei de morcovi cruzi

Porții: 6

Ingrediente:

- 5 morcovi mari, decojiti si spiralati
- 1/3 cană caju
- 2 linguri coriandru proaspat, tocat
- 1/3 cană sos de arahide ghimbir-lime sau orice sos crud

Directii

a) Puneți toți tăițeii cu morcovi într-un castron mare de servire.

b) Peste tăiței se toarnă sosul de arahide cu lămâie și ghimbir și se amestecă ușor

c) Serviți cu caju și coriandru proaspăt tocat.

32. Paste cu dovlecel

Ingrediente:

- 1 dovlecel
- 1 cană de roșii
- 1/2 cană roșii uscate la soare
- 1.5 curmale Medjool

Directii

a) Folosind un spiralizator sau un curățător julienne, tăiați dovlecelul în formă de tăiței.

b) Faceți piure și amestecați ingredientele rămase într-un blender de mare viteză.

33. Sandviş cu salată verde

Face 4 portii

Ingrediente:

- 1 portie de maioneza aioli
- 3 cani de pasta de morcovi
- 1 cana telina tocata
- ¼ cană ceapă galbenă tocată
- 2 felii de pâine

Directii

a) Într-un castron, combinați maioneza cu alioli, pulpa de morcov, țelina și ceapa. Amesteca bine.

b) Asamblează-ți sandvișurile scotând un sfert din amestec între două felii de pâine.

c) Se ornează cu felii de roșii și salată verde iceberg. Repetați pentru a pregăti sandvișurile rămase.

d) Sandvișurile asamblate se vor păstra câteva ore. Salata de ton simulat se va păstra 2 zile dacă este refrigerată separat

34. Conopidă Broccoli „Orez"

Porții: 2-3 porții

Ingrediente

- 1 cap de conopida
- 2 cani de broccoli, tocat
- 3 cepe verzi
- $\frac{3}{4}$ cană boia de ardei, tocată
- $\frac{1}{4}$ cană edamame

Directii

a) Împărțiți conopida în buchețe și clătiți bine.

b) Tăiați buchețelele în bucăți mai mici și puneți câteva pumni odată în robotul de bucătărie.

c) Pulsați aproximativ 5-10 secunde, dacă folosiți un blender, apăsați conopida în jos cu un pistil.

d) Puneți amestecul de conopidă într-un bol și amestecați ingredientele rămase.

e) Se lasa la odihnit cel putin 30 de minute, amestecand din cand in cand.

35. Taitei de dovlecel cu seminte de dovleac

1-2 portii

Ingrediente

- 2 dovlecei mici
- 1/4 cană semințe de dovleac crude
- 2 linguri drojdie nutritiva
- 1/4 cană frunze de busuioc/alte ierburi proaspete
- Cât de mult lapte de nuci sau apă este necesar

Directii

a) Pentru tăiței, feliați dovlecelul pe o mandolină sau spiralizer. Pune deoparte într-un castron mare.

b) Pentru sos, faceți piure toate ingredientele până la omogenizare (adăugați încet apa sau laptele de nuci).

c) Masați sosul în paste până când sunt acoperite uniform.

d) Lăsați-le să stea un minut, astfel încât să se înmoaie și să se marineze.

36. Rulouri de primăvară vegane

Porții 4 porții

Ingrediente

- 6 mâneci de hârtie de orez
- Tăiați 1 morcov în julienne
- Tăiați 1/2 castravete mediu în julienne
- 1 ardei roșu tăiat juliană
- 100 de grame sau 1 cană de varză roșie, feliată

Directii

a) Începeți prin a înmuia hârtia de orez conform instrucțiunilor de pe ambalaj.

b) Pregătiți toate legumele înainte de a asambla chiflele.

c) Așezați primul pachet pe o placă de tăiat și puneți deasupra o mică parte din feliile de legume foarte ferm.

d) Rulați strâns, exact ca un burrito, și pliați părțile laterale ale ruloului de hârtie de orez în jumătate.

e) Se taie fiecare rulada in jumatate si se serveste.

37. Ciuperci marinate cu lamaie si patrunjel

Servici 2

Ingrediente

- 6 c. ciuperci albe
- ½ din 1 ceapă albă dulce
- ½ c. pătrunjel tocat
- ¼ c. suc de lămâie
- ¼ c. ulei de nuci

Directii

a) Amestecă toate ingredientele pentru marinadă într-un castron mic.

b) Tăiați fiecare ciupercă de aproximativ ¼ inch grosime și puneți-o într-un castron mare.

c) Se toarnă marinada peste ingrediente și se amestecă până se îmbracă bine.

d) Goliți ciupercile într-o pungă de congelare Ziploc de 1 galon și stoarceți cât mai mult aer posibil.

e) Dați ciupercile la frigider pentru cel puțin 4 ore. Aproximativ o dată la oră, scoateți punga și întoarceți-o pentru a amesteca puțin ingredientele.

f) Odată ce a trecut suficient timp, scoateți-le din frigider, serviți și savurați.

38. Linguine Arrabbiata

Face 4 portii.

Ingrediente

Pentru sos:

- 1 cană de roșii baby
- 1 cana rosii uscate la soare, inmuiate
- 1 cana ceapa rosie, tocata
- 1/4 cană curmale, înmuiate
- 1/2 cană ulei de măsline
- 1 lingurita miso
- 1 lingurita de sare
- Chili după gust

Pentru legume:

- 4 căni de legume tari amestecate, cum ar fi dovlecel sau dovlecel, cartofi dulci și butternut

Directii

Sos:

a) Se amestecă totul la putere maximă timp de aproximativ 30 de secunde într-un blender de mare viteză sau 60 de secunde într-un blender obișnuit până se omogenizează.

b) Se îngheață bine sau se păstrează câteva zile la frigider.

Legume:

a) Spiralizați legumele în linguine sau folosiți un curățător de legume pentru a face panglici de fettuccine.

b) Înmuiați linguinii în apă caldă pentru a se încălzi.

c) Se toarnă sosul arrabbiata într-o tigaie și se încălzește ușor, amestecând continuu.

d) Scurgeți legumele și amestecați cu sosul.

39. Creveți cu mahmureală

Randament: 1 porție

Ingredient

- 32 uncii suc V-8
- 1 cutie de bere
- 3 ardei Jalapeño (sau habaneros)
- 1 ceapă mare; tocat
- 1 lingurita Sare
- 2 catei de usturoi; tocat
- 3 kilograme de creveți; decojite si devenate

Directii

a) Puneți toate ingredientele, cu excepția creveților, într-o oală mare și aduceți la fierbere.
b) Adăugați creveții și luați de pe foc. Lasă să stea aproximativ 20 de minute. Scurgeți și dați la rece creveții.
c) Formatat și blocat de Carriej999@...

40. Rulouri de cârnați de miel cu iaurt harissa

Ingrediente

- 2 linguri ulei de măsline extravirgin
- 1 ceapa alba, tocata marunt
- 3 catei de usturoi, macinati
- 1 lingurita rozmarin tocat marunt
- 1 lingurita de seminte de chimion, zdrobite, plus extra
- 500 g tocată de miel
- 3 foi de foietaj de unt congelat, decongelat
- 1 ou, batut usor
- 250 g iaurt gros în stil grecesc
- 1/4 cană (75 g) chutney de harissa sau roșii
- Micro mentă pentru servire (opțional)

Directii

a) Preîncălziți cuptorul la 200C. Încinge uleiul într-o tigaie la foc mediu. Se adauga ceapa si se caleste 3-4 minute pana se inmoaie. Adăugați usturoiul, rozmarinul și chimenul și gătiți 1-2 minute până se parfumează. Se ia de pe foc, se da la rece 10 minute, apoi se amesteca cu tocatura.

b) Împărțiți amestecul între foi de aluat, așezându-l de-a lungul unei margini pentru a forma un buștean. Rulați pentru a închide, periând ultimii 3 cm de suprapunere cu ouă. Sigilați și tăiați aluatul.

c) Se aseaza pe o tava tapetata cu hartie de copt, cu cusatura in jos si se da la congelator 10 minute. Acest lucru le va face mai usor de tăiat.

d) Tăiați fiecare rulou în 4 și lăsați pe tavă. Ungeți cu spălat de ouă și împrăștiați cu semințe de chimen în plus. Coaceți timp de 30 de minute sau până când aluatul devine auriu și rulourile gătite.
e) Se invarte harissa prin iaurt si se serveste cu rulourile de carnati, presarate cu menta.

SUPE

41. Supă cehă de usturoi

Porții: 4

Ingrediente

- ½ lingurita unt nesarat
- 6 până la 8 căței de usturoi, zdrobiți (puteți folosi și mai mult, dacă doriți!)
- 6 căni de supă sau bulion de pui, de vită sau de legume
- Sare kosher și piper negru proaspăt măcinat
- 1 kilogram (aproximativ 2 mijlocii până la mari) cartofi cerați (albi, galbeni sau roșii – nu rușini), curățați și tăiați cubulețe
- 1 lingurita maghiran uscat
- 1 linguriță de semințe de chimen
- 1 ou mare, batut (optional)
- 3 uncii (3 până la 4 felii) pâine de secară, tăiată cubulețe
- 1 lingurita ulei de masline sau spray cu ulei de masline
- 4 uncii de brânză cuburi, Emmental, Gruyere sau Camembert – coaja îndepărtată (opțional)
- 2 linguri patrunjel tocat marunt

Directii

a) Topiți untul într-o tigaie medie la foc mediu și adăugați usturoiul.

b) Gatiti pana se inmoaie si aromat, aproximativ 4 pana la 5 minute. Se adauga bulionul si se aduce la fierbere la foc mare.

c) Cand fierbe, se condimenteaza cu sare si piper, apoi se adauga cartofii taiati cubulete, maghiranul si semintele de chimen. Reduceți focul și fierbeți, acoperit timp de 15 până la 20 de minute, până când cartofii sunt fragezi. Ajustați condimentul după cum este necesar.

d) Dacă adăugați un ou, turnați-l încet în timp ce amestecați supa pentru a crea panglici de ou fiert.

e) Între timp, încălziți cuptorul sau prăjitorul de pâine la 350 ° F. Adăugați pâinea de secară tăiată cubulețe într-o tigaie mică și fie stropiți cu ulei de măsline, fie pulverizați cu spray de ulei de măsline și amestecați cu mâinile pentru a acoperi.

f) Prăjiți timp de aproximativ 10 până la 15 minute, amestecând din când în când, până devine maro auriu și crocant.

g) Serviți supa acoperită cu crutoane și pătrunjel și, dacă doriți, adăugați niște brânză.

42. Supă de mahmureală

Randament: 6 portii

Ingredient

- ½ kilograme de cârnați polonezi; felie subțire
- 2 felii de bacon
- 1 ceapă; tocat
- 1 ardei verde; tocat
- 4 căni bulion de vită
- 1 cutie de 16 uncii de varză murată; clătită;
- 1 cană ciuperci proaspete tăiate felii
- 2 tulpini de telina; feliate
- 2 roșii; tocat
- 2 lingurite Boia
- 1 linguriță de semințe de chimen
- ½ cană smântână
- 2 linguri Faina

Directii

a) În cuptor olandez; gătiți cârnații și slănina până când cârnații sunt maronii și slănina este crocantă. Scoateți cârnații și baconul și scurgeți; picături de rezervă. Crumble bacon. La picuraturi se adauga ceapa si ardeiul verde; gatiti pana se inmoaie, dar nu se rumenesc. Scurgeți grăsimea. Se amestecă cârnați și slănină fierte, bulion de vită, varză murată, ciuperci, țelină, roșii, boia de ardei și semințe de chimen. Se aduce la fierbere; reduce caldura.

b) Acoperiți și fierbeți 45 de minute. Între timp, combinați smântâna și făina.
c) Se amestecă treptat aproximativ 1 cană de supă fierbinte în amestecul de smântână.
d) Întoarceți totul la cuptorul olandez. Gatiti si amestecati pana se ingroasa si clocotesc.
e) Gatiti si amestecati inca 1 minut.

43. Supă coreeană de mahmureală

Ingrediente

- 1 kg de os de vita
- Apă

Directii

a) Înmuiați oasele de vită în apă rece timp de cel puțin 1 oră pentru a extrage sângele. Clătiți oasele în apă rece.

b) Pune oasele într-o oală mare umplută cu apă clocotită. Se fierbe 5-10 minute. Apoi scurgeți această apă, pentru a scăpa de excesul de grăsime și impurități.

c) Adăugați din nou apă curată în oase. Se fierbe cel putin o zi, pana se obtine un bulion laptos si gros.

d) Răciți bulionul câteva ore. Puteți vedea grăsimea plutește în vârf și se întărește. Scoateți grăsimea solidă de sus.

44. Supă de sfeclă roșie

Ingrediente

- 1 sfeclă roșie mare
- 1 cană apă
- 2 praf de chimen
- 2 praf de piper
- 1 praf de scortisoara
- 4 praf sare
- Stoarce de lămâie
- ½ lingură ghee

Directii
a) Se fierbe sfecla roșie apoi se curăță.
b) Se amestecă cu apa și se filtrează dacă se dorește.
c) Fierbeți amestecul apoi adăugați ingredientele rămase și serviți.

45. Supă Dal amestecată

Ingrediente

- 1/2 cană dal
- 1 ½ cană apă
- ½ lingură turmeric
- 1 lingura ulei
- ½ lingură de semințe de muștar
- ½ lingură semințe de chimen
- 5-6 frunze de curry
- ½ lingură de ghimbir – ras
- ½ lingură pudră de coriandru
- Ciupiți asafetida
- Nucă de cocos proaspătă rasă – opțional
- Sare și zahăr brun, după gust
- coriandru proaspăt

Directii

a) Puneți apa și dal într-o oală mare sau o oală sub presiune și adăugați turmeric. Se aduce la fierbere și se fierbe până când dal este moale.
a) Intr-o tigaie separata se incinge uleiul, se adauga semintele de mustar, apoi semintele de chimen, frunzele de curry, ghimbirul, pudra de coriandru si asafoetida.
b) Adăugați nucă de cocos, sare și jaggery după gust.
c) Se ornează cu coriandru proaspăt și nucă de cocos.

46. Supă de cupolă liniștitoare

Ingrediente

- 1 lingura ulei de masline extravirgin
- 1 ceapa galbena, taiata cubulete
- 2 catei de usturoi, tocati
- 2 pungi (9 uncii) de spanac pentru copii
- 1 mână de mentă proaspătă, tocată grosier
- 2 felii de ghimbir, cam de marimea unui sfert, curatate de coaja (optional)
- 1 cană bulion de pui (folosește bulion de legume sau apă pentru a face acest vegetarian)
- 2 praf de sare

Directii

a) Încinge uleiul într-o oală la foc mediu. Adăugați ceapa și usturoiul și gătiți până când ceapa devine translucidă. Aveți grijă să nu ardeți usturoiul. Adăugați spanac, mentă și ghimbir, dacă folosiți.

b) Pe măsură ce spanacul începe să se ofilească, adăugați bulion sau apă și sare. Cand spanacul este complet fiert, se ia de pe foc.

c) Se amestecă cu un blender de imersie sau se pune într-un blender în loturi și se face piure până la omogenizare.

47. Supă albă de dovleac și nucă de cocos

Ingrediente
- 1 dovleac alb de dimensiune medie
- semințe de chimen
- frunze de curry
- Frunze proaspete de coriandru
- Sare si zahar dupa gust
- Nucă de cocos după gust

Directii
a) Fierbeți tărtăcuța apoi amestecați până la un lichid.
b) Se amestecă pulpa de tărtăcuță și apa (salvată de la fierbere) până la grosimea dorită.
c) Adăugați semințele de chimen și frunzele de curry.
d) Adăugați zahăr și sare după gust. Aduce la fierbere.
e) Se ornează cu frunze proaspete de coriandru și nucă de cocos.

48. Supă Mung întreagă

Ingrediente
- ½ cană fasole mung, întregă
- 1 cană apă
- ¼ de lingură de chimen pudră
- 4-6 picături de lămâie
- ½ lingură ulei vegetal/ghee - opțional
- Sarat la gust

Directii
a) Înmuiați fasolea mung peste noapte sau timp de 10 ore.
b) Fierbeți fasolea mung în apă sau într-o oală sub presiune (2 fluiere) până se înmoaie.
c) Amestecați fasolea mung și apa până la omogenizare. Aduce la fierbere.
d) Adăugați lămâie, chimen praf, ghee și sare.

49. Supă de conopidă cu turmeric auriu

Ingrediente

- 6 cești pline buchețele de conopidă
- 3 catei de usturoi, tocati
- 2 linguri plus 1 lingură ulei de semințe de struguri, nucă de cocos sau avocado, împărțit
- 1 lingura turmeric
- 1 lingura de chimion macinat
- $\frac{1}{8}$ lingură fulgi de ardei roșu mărunțiți
- 1 ceapă galbenă medie sau bulb de fenicul, tocat
- 3 căni de bulion de legume
- $\frac{1}{4}$ cană lapte de cocos plin de grăsime, agitat, pentru a servi

Directii

a) Încinge cuptorul la 450°. Într-un castron mare, amestecați conopida și usturoiul cu 2 linguri de ulei, până când sunt bine acoperite.

b) Adăugați turmeric, chimen și fulgi de ardei roșu și amestecați pentru a se acoperi uniform. Întindeți conopida pe o foaie de copt într-un singur strat și coaceți până când se rumenește și se înmoaie, 25-30 de minute.

c) Între timp, într-o oală mare sau cuptor olandez, încălziți 1 lingură de ulei rămasă la foc mediu. Adăugați ceapa și gătiți timp de 2-3 minute, până când devine translucid.

d) Când conopida este gata de copt, scoateți din cuptor. Rezervați 1 cană pentru a acoperi supa. Luați conopida rămasă și adăugați într-o oală medie cu ceapă și turnați

bulion de legume. Se aduce la fierbere, apoi se acopera si se fierbe la foc mic, 15 minute.
e) Amestecați supa într-un piure omogen folosind un blender de imersie sau lăsați-o să se răcească și piureați în loturi cu un blender obișnuit.
f) Se serveste deasupra cu conopida prajita rezervata si un strop de lapte de cocos.

50. Supa pentru imunitate

Randament porții 8

Ingrediente
- 2 linguri ulei de masline
- 1 1/2 cani ceapa tocata
- 3 tulpini de telina, feliate subtiri
- 2 morcovi mari, feliați subțiri
- 1 kilogram de ciuperci cu vitamina D pre-tăiate
- 10 catei de usturoi medii, tocati
- 8 cani de supa de pui nesarat
- 4 crengute de cimbru
- 2 foi de dafin 1 cutie de năut nesărat, scurs
- 2 kilograme de piept de pui fără piele, cu os
- 1 1/2 linguriță sare kosher
- 1/2 lingurita de ardei rosu macinat
- 12 uncii de kale creț, tulpinile îndepărtate, frunzele rupte

Directii
a) Încinge uleiul într-un cuptor olandez mare la foc mediu
b) Adăugați ceapa, țelina și morcovii; gătiți, amestecând ocazional, 5 minute. Adăugați ciupercile și usturoiul; gătiți, amestecând des, 3 minute. Se amestecă în bulion, cimbru, foi de dafin și năut; aduceți la fiert. Adăugați pui, sare și piper roșu; acoperiți și fierbeți până când puiul este gata, aproximativ 25 de minute.
c) Scoateți puiul din cuptorul olandez; se răcește ușor. Toca carnea cu 2 furculite; aruncați oasele. Se amestecă puiul și varza kale în supă; acoperiți și fierbeți până când varza este doar fragedă, aproximativ 5 minute. Aruncați crenguțele de cimbru și foile de dafin.

51. Supa de spanac

Servici 2

- 4 inchi (10 cm) castraveți
- 2 avocado
- 3 ½ uncii (100 g) spanac pentru copii
- 10-13 uncii lichide (300-400 ml) apă
- 2 linguri patrunjel, tocat
- ½ legătură busuioc proaspăt
- 2 linguri de arpagic, tocat
- ½ lingură suc de lămâie un praf de sare

Directii

a) Tăiați castravetele și avocado în bucăți mari.
b) Într-un blender sau robot de bucătărie amestecați spanacul și apa, începând cu 10 uncii lichide (300 ml) de apă.
c) Adăugați ingredientele rămase și amestecați din nou. Adaugă puțin câte puțin mai multă apă pentru a obține consistența potrivită și gustă pentru a vedea dacă mai are nevoie de lămâie sau sare.

52. Supă energetică

1 portie

Ingrediente:

- 1 tulpină de țelină
- 1 măr
- ½ castravete
- 1 ½ uncie (40 g) spanac ½ cană (100 ml) varză de lucernă linguri de suc de lămâie
- ½ -2 căni (300-500 ml) apă
- ½ avocado
- sare din plante după gust

Directii

a) Tăiați țelina, mărul și castravetele în bucăți.
b) Amestecați toate ingredientele, cu excepția avocado, începând cu 1½ cană (300 ml) de apă. Adăugați avocado și amestecați din nou.
c) Adăugați mai multă apă dacă este necesar și aromați cu sare din plante.

53. Supă de ciuperci Shiitake

Face 6 portii

Ingrediente

- 6 căni de ciuperci shiitake uscate
- 10 căni de apă
- 2 linguri Nama shoyu
- 1 lingura arpagic proaspat tocat

Directii

a) Puneți ciupercile și apa într-un recipient mare, acoperiți și lăsați la frigider pentru aproximativ 8 ore.

b) Când este gata, scurgeți apa de ciuperci într-un alt vas sau recipient.

c) Se amestecă nama shoyu în bulionul de ciuperci.

d) Scoateți și aruncați tulpinile de pe ciuperci și tăiați capacele.

e) Adăugați ciupercile tocate în bulion și acoperiți cu arpagicul tocat.

54. Supă de ardei roşu

Face 4 portii

Ingrediente

- 16 ardei roșii, fără miez
- 2 avocado coapte, piure
- 2 linguri sirop de artar pur
- 1 lingurita de hrean ras fin
- Pudră de ceapă după gust

Directii

a) Stoarceți ardeii roșii și îndepărtați pulpa.

b) Măsurați 6-7 căni de suc de ardei într-un castron mare.

c) Se amestecă avocado, siropul de arțar și hreanul în suc până se combină bine.

d) Se condimentează cu praf de ceapă.

55. Supă de morcovi și ghimbir

3 portii

Ingrediente:

- 1½ cani de morcovi, tocati marunt
- 1 lingura miso alb nepasteurizat
- 1 linguriță rădăcină de ghimbir proaspătă, tocată mărunt
- 1 catel de usturoi
- 2 căni de apă pură

Directii

a) Se amestecă toate ingredientele, cu excepția ¾ de cană de morcovi.

b) Turnați ingredientele amestecate peste morcovi și serviți.

c) Acest lucru este grozav pentru construirea puterii pulmonare.

56. Supa de ciuperci

Ingrediente:

- 3 cesti Portobello sau alte ciuperci gourmet, feliate subtiri
- 2 căni de apă caldă
- 1 cana patrunjel
- 1/2 cană ulei de măsline
- 1/4 cană tamari
- 1 avocado mare

a) Amestecați ciupercile cu uleiul de măsline și tamarii într-un bol și lăsați să stea aproximativ 1 oră, întorcându-le din când în când.

b) Se amestecă avocado și apa fierbinte până la omogenizare, aproximativ 15 secunde.

c) Puneți ciupercile în blender cu marinada și pătrunjelul și faceți piure doar o dată sau de două ori. Face aproximativ 1,5 litri.

SALATE

57. Varză cu merişor

1 portie

Ingrediente:

- ½ cap mic de varză
- 1 lingura ulei de masline
- 2 lingurite suc de lamaie
- ½ lingură oțet de mere
- ½ cană (100 ml) merișoare, proaspete sau congelate și dezghețate
- ¼ cană (50 ml) semințe de dovleac, înmuiate

Directii

a) Varza se toaca marunt si se pune intr-un bol. Se toarnă ulei de măsline, suc de lămâie și oțet de mere.
b) Se amestecă cu mâinile până se înmoaie varza. Adăugați merișoarele și semințele de dovleac și amestecați.

58. Salata picanta de legume

Ingrediente

- amestec picant - se încălzește uleiul, se adaugă semințele de muștar, când se adaugă semințele de chimen apoi frunzele de curry și asafoetida
- Sare și zahăr
- Suc de lamaie/lime
- Frunze proaspete de coriandru
- Nucă de cocos proaspătă rasă

Directii

a) Tăiați legumele proaspete și gătiți la abur dacă este necesar.
b) Adăugați orice alte ingrediente după gust. Adăugați amestecul picant de bază la sfârșit. (Într-o tigaie separată încălziți uleiul și adăugați condimentele, apoi adăugați amestecul la legume)
c) Se amestecă totul și se servește.

59. Salată de sfeclă roşie

Ingrediente
- 1/2 cană de sfeclă roșie fiartă – tocată
- 1 lingura ulei vegetal
- 1/4 lingura de seminte de mustar
- 1/4 lingura de seminte de chimen
- Ciupiți turmeric
- 2 vârfuri de asafoetida
- 4-5 frunze de curry
- Sarat la gust
- Zahăr după gust
- Frunze proaspete de coriandru tocate

Directii
a) Încălziți uleiul apoi adăugați semințele de muștar.
b) Când se adaugă, adăugați chimenul, apoi turmericul, frunzele de curry și asafoetida.
c) Adăugați amestecul de condimente la sfeclă roșie împreună cu sare, zahăr și frunze de coriandru, după gust.

60. Salată de varză și rodie

Ingrediente

- 1 cană de varză – rasă
- $\frac{1}{2}$ rodie
- $\frac{1}{4}$ de lingură de seminţe de muştar
- $\frac{1}{4}$ de lingură de seminţe de chimen
- 4-5 frunze de curry
- Ciupiţi asafoetida
- 1 lingura ulei
- Sare si zahar dupa gust
- Suc de lamaie dupa gust
- Frunze proaspete de coriandru

Directii

a) Scoateţi seminţele din rodie.
b) Se amestecă rodia cu varza.
c) Se incinge uleiul intr-o tigaie si se adauga semintele de mustar. Când se adaugă, adăugaţi seminţele de chimen, frunzele de curry şi asafoetida. Adăugaţi amestecul de condimente în varză.
d) Adăugaţi zahăr, sare şi suc de lămâie după gust. Amesteca bine.
e) Decoraţi cu coriandru dacă doriţi.

61. Salata de morcovi si rodii

Ingrediente

- 2 morcovi – rasi
- ½ rodie
- ¼ de lingură de semințe de muștar
- ¼ de lingură de semințe de chimen
- 4-5 frunze de curry
- Ciupiți asafoetida
- 1 lingura ulei
- Sare si zahar dupa gust
- Suc de lămâie – după gust
- Frunze proaspete de coriandru

Directii

a) Scoateți semințele din rodie.
b) Se amestecă rodia cu morcovul.
c) Se incinge uleiul intr-o tigaie si se adauga semintele de mustar. Când se adaugă, adăugați semințele de chimen, frunzele de curry și asafoetida. Adăugați amestecul de condimente la morcov.
d) Adăugați zahăr, sare și suc de lămâie după gust. Amesteca bine.
e) Decorați cu coriandru dacă doriți.

62. Salata de castraveti

Ingrediente

- 2 castraveți - curățați și tăiați
- Zahăr și sare după gust
- 2 -3 linguri pudră de migdale prăjite - sau după gust
- 1 lingura ulei
- 1/8 lingura de seminte de mustar
- 1/8 lingura de seminte de chimen
- Ciupiți asafoetida
- 4-5 frunze de curry
- Suc de lămâie - după gust

Directii

a) Încinge uleiul într-o tigaie. Adăugați semințele de muștar. Când se adaugă semințele de chimen, asafoetida și frunzele de curry.
b) Adăugați amestecul de condimente la castraveți.
c) Adăugați sare, zahăr și lămâie după gust.
d) Adaugam pudra de migdale si amestecam bine.

63. Salată de ajutor pentru mahmureala

Ingrediente:

- 3 cani de verdeata tocata
- ¼ bulb de fenicul, feliat subțire
- ½ cană buchețele de broccoli fierte tocate
- ½ cană de sfeclă tocată
- 1 până la 2 linguri ulei de măsline extravirgin
- Suc de ½ lămâie

Directii

a) Într-un castron mare, amestecați verdeața, feniculul, broccoli și sfecla.
b) Se amestecă cu ulei de măsline și suc de lămâie.

64. Paste Toss

Ingrediente:

- 1 pachet de paste (16 uncii) la alegere
- 1 lingura ulei de masline extravirgin
- 2 catei de usturoi, tocati
- 1 cutie (14 uncii) de inimioare de anghinare, scurse și tocate
- Piper negru proaspăt măcinat, după gust

Directii

a) Aduceți o oală mare cu apă la fiert. Adăugați pastele și gătiți conform instrucțiunilor de pe ambalaj.
b) În timp ce pastele se gătesc, încălziți uleiul într-o tigaie mare la foc mediu. Adăugați usturoiul și încălziți timp de 1 minut. Adăugați anghinare și gătiți până se înmoaie, aproximativ 7 minute.
c) Cand pastele sunt fierte, se scurg si se adauga direct in tigaie. Se amestecă cu legume și se condimentează cu piper negru, dacă se dorește.

65. Salata de fericire

Ingrediente:

- 2 cesti baby spanac
- ½ avocado, tăiat cubulețe
- 1 cană de sfeclă, tăiată cubulețe
- ¼ cană alune de pădure
- 2 linguri ulei de masline extravirgin
- 1 lingura otet balsamic

Directii

a) Pune spanacul, avocado, sfecla și alunele într-un castron. Se imbraca cu ulei si otet.
b) Aruncă și bucură-te.

66. Salată de ridichi Daikon

Ingrediente
- 2 ridichi
- 3 linguri de chana dal prăjit
- Lămâie după gust
- 1/2 lingură pudră de semințe de chimen
- Zahăr după gust
- Frunze proaspete de coriandru
- Sarat la gust

Directii
a) Rade ridichea fin, inclusiv blaturile verzi.
b) Adăugați toate ingredientele și amestecați bine.
c) Se ornează cu coriandru.

67. Salată de dovleac crud

Ingrediente
- 1 cană dovleac ras
- ¼ de lingură de semințe de muștar
- ¼ de lingură de semințe de chimen
- 4-5 frunze de curry
- Ciupiți asafoetida
- 1 lingura ulei
- Sare si zahar dupa gust
- Frunze proaspete de coriandru

Directii
a) Se incinge uleiul intr-o tigaie si se adauga semintele de mustar. Când se adaugă, adăugați semințele de chimen, frunzele de curry și asafoetida.
b) Adăugați amestecul de condimente la dovleacul ras.
c) Adăugați zahăr, sare după gust.

68. Salată de grepfrut de varză roşie

Porții: 4

Ingrediente:

- 4 căni de varză roșie feliată subțire
- 2 cani de grapefruit segmentat
- 3 linguri de afine uscate
- 2 linguri de seminte de dovleac

Directii

a) Puneți ingredientele pentru salată într-un bol mare și amestecați.

69. Salată dulce de varză roșie

Face 4 portii.

Ingrediente:

- 4 căni de varză roșie, măruntită
- 1 cană mere, feliate subțiri
- 1 cană morcovi, tăiați julien sau ras
- 1/2 cană ceapă primăvară, tăiată subțire
- 1/4 cană stafide sau coacăze
- 3 lingurite ulei de masline
- 2 lingurițe de miere sau de agave
- 1 lingurita otet, struguri sau cidru de mere
- 1 praf de sare
- Piper, proaspăt măcinat după gust

Directii

a) Se amestecă toate ingredientele într-un bol și se lasă la marinat la temperatura camerei timp de 2 ore, amestecând des.

b) Alternativ, amestecați totul și lăsați la marinat la frigider peste noapte.

70. Salată Thai Som Thum

Face 4-6 portii.

Ingrediente:

- 1 lingurita de chili proaspat, feliat subtire
- 1 lingurita de ghimbir proaspat, tocat
- 1 lingurita usturoi proaspat, tocat
- 1 lingurita de lime sau coaja de lamaie
- 3 lingurițe suc de lămâie sau lămâie
- 1 linguriță ulei, susan ușor sau nucă de macadamia
- 1 cană papaya, așchii
- 1/4 lingurita sare
- 1 cană de castraveți, tăiați în juliană
- 1 cană ridiche daikon, tăiată julien
- 1 cană coriandru proaspăt, tocat grosier

Directii

a) Se amestecă totul, mai puțin papaya și se lasă la marinat aproximativ 10 minute.

b) Chiar înainte de servire, se adaugă așchii de papaya și se întoarce cu mare grijă.

71. Salată cremoasă de semințe de dovleac și fenicul

Face 2 portii.

Ingrediente:

- 1 cană bulb și tulpină de fenicul, feliate subțiri
- 1 cană de țelină, feliată subțire
- 1 cană semințe de dovleac
- 1 cană de apă
- 1/4 cană suc de lămâie
- 2 programari
- 1/4 lingurita piper negru
- 1/2 lingurita sare

Directii

a) Puneți feniculul și țelina într-un bol și lăsați deoparte.

b) Bateți ingredientele rămase până la omogenizare, aproximativ 30 de secunde.

c) Turnați peste fenicul și țelină, asigurându-vă că totul este acoperit.

d) Adăugare: se presară deasupra semințe precum dovleac, floarea soarelui, susan sau cânepă.

72. Salată de roșii, ceapă roșie și fenicul

Face 2-4 portii.

Ingrediente:

- 1 fenicul întreg, bulb și frunze
- 2 căni de roșii baby
- 1/2 cană ceapă roșie
- 1/4 cană ulei de măsline
- 1 lingurita sare din plante

Directii

a) Taiati subtiri feniculul si ceapa rosie.

b) Tăiați roșiile în 2-3 bucăți.

c) Aruncă totul împreună.

d) Serviți pe un pat de frunze sau așa cum este.

DESERT

73. Rulouri moale de brânză

Face 2 rulouri.

Ingrediente

- 2 cani de nuci de macadamia
- 1/3 cană apă
- 2 lingurite suc de lamaie
- 1/2 lingurita sare

Directii

a) Puneți toate ingredientele în blender și folosiți tamperul pentru a apăsa ferm amestecul în lame și amestecați la mare putere până la omogenizare, aproximativ 1 minut.

b) Se da la frigider pentru aproximativ 2 ore pentru ca amestecul sa se fixeze.

c) Pregătiți acoperirea înainte de a scoate amestecul din frigider.

d) Tăiați-vă ingredientele de acoperire cât mai fin posibil și întindeți-le pe o masă.

e) Împărțiți amestecul în 2 și formați aproximativ rulouri.

f) Rulați-le în înveliș și serviți.

g) Se pastreaza la frigider 2-3 zile.

74. Mini prajituri de morcovi cu portocale

Face 12-14 prăjituri mici.

Ingrediente

- 1 cană gem de curmale – 50/50 curmale fără sâmburi și
- 1 cană suc de portocale
- 1/2 cană apă
- 3 lingurite ulei de cocos
- 2 lingurite de agave sau miere
- 1/2 linguriță pudră de vanilie
- 1/2 cană stafide
- 1 lingurita de ghimbir, proaspat suc sau tocat marunt sau pudrat
- 2 lingurite amestec de condimente
- 1 lingurita coaja de portocala
- 1 lingurita nucsoara
- 1 lingurita de sare

Glazură:

- 1/4 lingurita sare

- 1/2 cană caju

Directii

a) Zdrobiți migdalele într-un robot de bucătărie cu lama S sau într-o pungă grea de plastic cu un sucitor.

b) Amestecă toate ingredientele pentru tort într-un castron mare.

c) Măsurați 1/3 de cană porții pe foi de copt ferme și modelați-le în rondele individuale, de aproximativ 10 mm grosime.

d) Se usucă cca. 6 ore, se desprinde de pe placile fixe si se usuca inca 2 ore.

e) 1Prăjitura se face când este crocantă la exterior și umedă la interior.

f) 1 Purați toate ingredientele pentru glazură într-un blender de mare viteză și întindeți peste prăjituri. Puteți lăsa prăjiturile să se înfiereze la frigider pentru câteva ore.

g) Se ornează cu fâșii de morcov ras și nucșoară rasă.

h) Se poate pastra la frigider 2 zile fara glazura.

75. Mini Tarte cu Lime

Face aproximativ 14 tartele.

Ingrediente

cruste:

- 2 căni de semințe și/sau nuci
- 1/2 cană suc de lămâie
- 1/2 cană curmale, fără sâmburi și tocate
- 1/2 cană miere
- 1/2 cană ulei de cocos
- 1 lingurita pudra de vanilie
- 1/2 cană unt de cacao
- 1 praf de sare

Umplere:

- 4 avocado

Directii

Cruste:

a) Topiți untul de cacao într-o baie de apă.

b) Procesați semințele și/sau nucile în făină grosieră în robotul de bucătărie cu lama S.

c) Se amestecă toate ingredientele pentru crustă și se presează în forme flexibile de silicon.

d) Se da la frigider pana se intareste si apoi se scoate din forme.

Umplere:

e) Se amestecă toate ingredientele pentru umplutură până la omogenizare, aproximativ 5 minute.

f) Turnați umplutura în fiecare ceașcă mică și terminați cu un ștrudel.

g) Pune la frigider pentru 6 ore.

h) Serviți de la frigider.

76. Mini prăjituri cu mousse de cacao

Ingrediente

Crustă:

- 2 căni de semințe și/sau nuci
- 1/2 cană curmale, fără sâmburi și tocate
- 1/4 cană ulei de cocos, topit
- 1 praf de sare

mousse:

- 6-10 avocado
- 1 1/4 cană cacao pudră
- 1 1/4 cană miere sau agave
- 2 picături de ulei esențial de mentă

Directii

Crustă:

a) Procesați fin semințele și/sau nucile într-un robot de bucătărie prevăzut cu lama S. Tocarea manuală este și posibilă!

b) Se amestecă toate ingredientele pentru crustă într-un bol și se frământă până devine lipicios și aluat.

c) Apăsați într-o tavă cu arc, acoperind fundul uniform.

mousse:

a) Puneți toate ingredientele pentru mousse în robotul de bucătărie prevăzut cu o lamă S și procesați timp de aproximativ cinci minute.

b) Asigurați-vă că totul este bine combinat și ca mătăsos.

c) Se toarnă mousse-ul în formă și se dă la frigider pentru 8 ore.

d) Se pastreaza bine la frigider cateva zile.

77. Toffee de ciocolată

Face aproximativ 40 de bucăți.

Ingrediente

- 1 cană de curmale, fără sâmburi
- 1 cană ulei de cocos
- 1/2 cană apă
- 1/2 cană pudră de cacao
- 1 lingurita pudra de vanilie
- 1 praf de sare

Directii

a) Acoperiți curmalele cu apă și lăsați-le să se înmoaie - folosiți apă caldă pentru a accelera acest proces.

b) Pune totul împreună într-un robot de bucătărie și procesează cu S-Blade până se omogenizează și se omogenizează. Acest lucru durează până la 20 de minute și merită timpul.

c) Se toarnă într-un vas puțin adânc și se lasă la frigider.

d) Tăiați în pătrate după aproximativ 3-4 ore.

e) Păstrați-le într-un recipient ermetic la frigider.

78. Budincă de avocado cu ciocolată crudă

Randament: Pentru 2 persoane

Ingrediente

Baza de budinca de ciocolata cu avocado

- 1 avocado mare (sau 2 mici), coaja și semințele îndepărtate
- 1 banană coaptă, decojită
- 3-4 linguri pudră de cacao
- 3-4 linguri sirop de arțar pur, nectar de cocos sau sirop de curmale
- 1 lingurita extract de vanilie
- 1/4 lingurita de scortisoara, optional

combinație de arome

- 1/2 cană suc de portocale proaspăt stors, + mai mult la nevoie
- 1 lingurita sau cam asa ceva coaja de portocala, optional

Directii

a) Într-un blender, combinați ingredientele pentru budinca de bază (împreună cu oricare dintre combinațiile de arome) și faceți piure până devine cremos, oprindu-se să răzuiți părțile laterale după cum este necesar.

b) Adăugați câteva linguri de apă după cum este necesar pentru a obține consistența dorită. De obicei folosesc 1/2 cană de apă, cu excepția cazului în care fac aromă de portocale. Gustați aroma și ajustați în consecință.

c) Budinca poate fi servita la temperatura camerei, dar mi se pare cel mai bine racita la frigider pentru cateva ore.

d) Se servește: Se ornează cu o praf de cremă de cocos și ciocolată neagră rasă, niște de cacao sau chipsuri de roșcove.

SMOOTHIES

79. Smoothie verde

Face 4 cani

Ingrediente

- 2 cani de legume tocate, cum ar fi salata romana, varza varza sau guma
- 2 căni de fructe, cum ar fi banane feliate, mango tăiat cubulețe sau afine
- 2 căni de apă filtrată, după dorință

Directii

a) Pune toate ingredientele într-un blender de mare putere și amestecă până la omogenizare.

b) Poate fi păstrat la frigider până la 1 zi, dar cel mai bine este savurat imediat.

80. Smoothie cu mentă și ananas

Servici 2

Ingrediente:

- 3 căni de ananas proaspăt, tăiat cubulețe
- 1/4 cană frunze de mentă proaspătă, împachetate lejer
- 1/2 cană apă rece

Directii

a) Combinați toate ingredientele într-un blender.

b) Se amestecă până la omogenizare.

c) Adăugați puțină apă dacă blenderul dvs. o cere.

d) Bucurați-vă imediat.

81. Smoothie cu cireşe şi cocos

Porții: 2

Ingrediente

- 2 căni de cireșe congelate fără sâmburi
- 1 cană apă de cocos
- 1 lingură suc proaspăt de lămâie

Directii

a) Pune toate ingredientele într-un blender și amestecă până se omogenizează.

b) Servi

82. Smoothie cu iaurt de mango

Porții: 1

Ingrediente

- 1 mango copt
- 2 linguri iaurt cu nuci
- 1/4 lingurita scortisoara

Directii

a) Pune mango la congelator timp de 30 de minute pentru a se raci. Dacă vă grăbiți, puteți sări peste acest pas și adăugați 2 cuburi de gheață în smoothie.

b) Îndepărtați pielea mango cu un curățător de legume,

c) Tăiați mango în bucăți medii, rezervând aproximativ 1 linguriță de mango pentru a o folosi mai târziu pentru a orni smoothie-ul.

d) Pune mango, iaurt cu nuci și 1/4 linguriță de scorțișoară într-un blender.

e) Amestecați la maxim 2-3 minute sau până când amestecul devine cremos.

f) Turnați într-o cană, acoperiți cu mango răsturnat și stropiți ușor cu scorțișoară.

83. Smoothie cu mandarine tropicale

Ingrediente:

- 2 mandarine decojite si segmentate
- 1/2 cană de ananas
- 1 banana congelata

Directii

a) Se amestecă cu 1/2 până la 1 cană de lichid.

b) Bucurați-vă

84. PB și Smoothie de căpșuni

Ingrediente:

- 1 cană căpșuni congelate
- 1 banană mare feliată
- 1-2 linguri de unt de arahide crud

Directii

a) Se amestecă cu 1/2 până la 1 cană de lichid.

85. Morcov Mango Nucă de Cocos

Ingrediente:

- 1 morcov mare ras
- 1 cană de mango congelat
- 1-2 linguri nuca de cocos neindulcita, rasa

Directii

a) Se amestecă cu 1/2 până la 1 cană de lichid.

b) Bucurați-vă

86. Ghimbir Pina Colada

Ingrediente:

- 2 căni de ananas congelat
- 1 lime decojită și tăiată felii
- Bucătă de 1/2 inch de ghimbir, feliată subțire

Directii

a) Se amestecă cu 1/2 până la 1 cană de lichid.

b) Bucurați-vă

87. Kale cu cireșe și afine

Ingrediente:

- 1 cană de varză
- 1 cană cireșe
- 1/2 cană afine

Directii

a) Se amestecă cu 1/2 până la 1 cană de lichid.

b) Bucurați-vă

88. Zmeura Banana Chia

Ingrediente:

- 1 1/2 cană zmeură congelată
- 1 banană mare feliată
- 1 lingura de seminte de chia

Directii

a) Se amestecă cu 1/2 până la 1 cană de lichid.

b) Bucurați-vă

89. Bol pentru smoothie cu Goji, mango și baobab

Face 3 cani.

Ingrediente:

- 2 căni de apă
- 1 mango
- 1/4 cană fructe de pădure goji sau altă boabă
- 5 curmale, fără sâmburi și înmuiate
- 2 lingurițe de pudră de baobab

Directii

e) Amestecă totul la maxim timp de aproximativ 30 de secunde într-un blender de mare viteză sau 60 de secunde într-un blender obișnuit.

90. Ceai de yoga fără cofeină

Ingrediente:

- 10 uncii de apă (aproximativ 1 1/3 căni)
- 3 cuişoare întregi
- 4 păstăi întregi de cardamom verde, crăpate
- 4 piper negru întreg
- $\frac{1}{2}$ baton de scortisoara
- $\frac{1}{4}$ lingurita ceai de musetel
- $\frac{1}{2}$ cană lapte de migdale
- 2 felii rădăcină de ghimbir proaspăt

Directii:

a) Aduceți apa la fiert şi adăugați condimente.
b) Acoperiți şi fierbeți 15 până la 20 de minute, apoi adăugați ceaiul de muşeţel.
c) Lasam sa stea cateva minute, apoi adaugam laptele de migdale si dam din nou la fiert. Nu-l lăsa să fiarbă.
d) Când ajunge la fierbere, se ia imediat de pe foc, se strecoară şi se îndulceşte cu miere, dacă se doreşte.

91. Apa de anghinare

Ingrediente:

- 2 anghinare

Directii

a) Tăiați tulpinile de pe anghinare și tăiați partea de sus a frunzelor.
b) Umpleți o oală mare cu apă și aduceți la fierbere. Adăugați anghinare și fierbeți timp de 30 de minute sau până când puteți smulge cu ușurință frunzele de jos ale anghinării.
c) Scoateți anghinarea și păstrați pentru o gustare.
d) Lăsați apa să se răcească și apoi beți o cană din ea.
e) Acest lucru vă va ajuta ficatul să se detoxifice singur și întregul organism.

92. fecioara Maria

Ingrediente

- 3 uncii suc de roșii
- 1/2 uncie suc de lamaie
- 1 strop de sos Worcestershire
- 1 lingurita sare de telina
- Piper negru proaspăt măcinat
- 2 linii de sos iute
- 1 tulpină de țelină, pentru ornat
- 1 suliță de murături, pentru ornat

Directii

a) Turnați sucul de roșii și sucul de lămâie într-un pahar umplut cu cuburi de gheață.
b) Amesteca bine.
c) Adăugați sosul Worcestershire, sare, piper și sosul iute după gust.
d) Ornați cu tulpina de țelină sau sulița de murături, dacă folosiți. Serviți și bucurați-vă!

93. Apă naturală cu vitamine

Porți 4

Ingrediente
- Patru căni de nucă de cocos rece sau apă minerală
- 1 lămâie
- o mână de frunze de mentă
- felie de rădăcină proaspătă de ghimbir
- 1 castravete mic
- o mână de zmeură congelată
- o mână de afine congelate
- opțional: 1 lingura de otet de mere

Directii
a) Turnați apa sau apa de cocos într-un ulcior și adăugați lămâia, castravetele, frunzele de mentă și fructele de pădure.
b) Adăugați un strop de oțet de mere dacă aveți curaj. Apoi lăsați apa să stea aproximativ treizeci de minute pentru a permite aromelor să se infuzeze în ea.
c) Bucură-te pentru o mahmureală fericită!

94. Tonic detoxifiant cu ananas în sticlă

Ingrediente

- 12 uncii de apă crudă de nucă de cocos
- 1/2 cană apă filtrată
- 1 mar verde (decorat si tocat)
- 1 cană bucăți de ananas proaspăt
- Suc de 1 lime
- Suc de 1 lămâie
- 1/4 cană frunze de mentă proaspătă
- 2 mere verzi (sferturi)
- 3 căni bucăți de ananas proaspăt
- 1 cană frunze de mentă proaspătă
- 1 lime (curățată și tăiată în jumătate)
- 1 lămâie (curățată și tăiată în jumătate)
- 12 uncii de apă crudă de nucă de cocos
- 1/2 cană apă filtrată (opțional)

Directii

a) Turnați apa de cocos și apa filtrată în borcanul unui blender și adăugați ingredientele rămase deasupra.
b) Se amestecă la viteză mare până se omogenizează. Băutura poate fi strecurată într-o pungă de lapte de nuci sau într-o sită dacă nu vă place pulpa, dar ne place această băutură așa cum este proaspătă scoasă din blender.
c) Acest suc va ține 24 de ore la frigider.

95. Ceai de ghimbir

Randament: 1 cană

Ingrediente

- Bucată de 1 inch de ghimbir proaspăt (nu este nevoie să se curețe), tăiată în bucăți nu mai late de ¼ inch
- 1 cană apă
- Arome opționale (alegeți doar una): 1 baton de scorțișoară, bucată de 1 inch de turmeric proaspăt (tăiat în felii subțiri, la fel ca ghimbirul) sau câteva crenguțe de mentă proaspătă
- Suplimente opționale: 1 rundă subțire de lămâie sau portocală proaspătă și/sau 1 linguriță de miere sau sirop de arțar, după gust

Directii

a) Combinați ghimbirul feliat și apa într-o cratiță la foc mare. Dacă adăugați un baton de scorțișoară, turmeric proaspăt sau mentă proaspătă, adăugați-l acum.
b) Aduceți amestecul la fiert, apoi reduceți focul după cum este necesar pentru a menține o fierbere blândă timp de 5 minute (pentru o aromă de ghimbir foarte puternică, fierbeți până la 10 minute).
c) Scoateți oala de pe foc. Turnați cu grijă amestecul printr-o sită cu plasă într-o cană de măsurare lichidă termică sau direct într-o cană.
d) Dacă doriți, serviți cu o rondă de lămâie și/sau un strop de miere sau sirop de arțar, după gust. Se serveste fierbinte.

96. Smoothie cu afine și spanac

Porții 14

Ingrediente

- 3 linguri de ovăz de modă veche
- 1 cană spanac proaspăt
- 1 cană de afine congelate
- 1/3 cană iaurt grecesc simplu
- ¾ cană lapte (indiferent de tipul pe care îl preferați)
- 1/8 lingurita de scortisoara (optional)

Directii

a) Pune toate ingredientele într-un blender și amestecă până se omogenizează.
b) Serviți imediat.

97. Smoothie verde cu smochine

1 portie

Ingrediente:

- 2,5 uncii (70 g) spanac pentru copii
- 1½-2 căni (300-500 ml) apă
- 1 para
- 2 smochine, înmuiate

Directii

a) Amestecați spanacul cu 1½ cană (300 ml) de apă.
b) Tăiați pera, adăugați împreună cu smochinele și amestecați din nou.
c) Adăugați mai multă apă dacă este necesar pentru a găsi consistența potrivită pentru smoothie-ul dvs.

98. Mic dejun kiwi

1 portie

Ingrediente:

- 1 para
- 2 tulpini de telina
- fructe de kiwi galben
- 1 lingura apa
- ½ linguriță de ghimbir măcinat

Directii

a) Tăiați perele, țelina și unul dintre kiwi în bucăți mari și amestecați în blender cu 1 lingură de apă până devine o consistență netedă.
b) Acoperiți cu celălalt kiwi, tăiat în bucăți și ghimbir măcinat.

99. Bol cu dovlecei, pere și mere

1 portie

Ingrediente:

- ½ dovlecel
- 1 para
- 1 măr
- optional: scortisoara si ghimbir macinat

Directii

a) Tăiați dovlecelul și perele în bucăți mari și amestecați în robotul de bucătărie.
b) Adăugați mărul, tăiați în bucăți mari și continuați să amestecați până la o consistență netedă.
c) Se serveste intr-un bol si se presara cu scortisoara si ghimbir.

100. Avocado și fructe de pădure

Ingrediente:

- 1 avocado
- 1 para
- 3½ uncii (100 g) afine

Directii

a) Tăiați avocado și pere în bucăți.
b) Amestecați într-un bol și acoperiți cu afine.

CONCLUZIE

Cu toții ne place o petrecere și este în regulă, dar dacă trebuie să treci cu mahmureala, ar putea fi timpul să încetinești consumul de alcool sau chiar să te oprești. Dar în orice caz, aceste rețete vor fi aici pentru tine, pentru a vindeca mahmureala!

www.ingramcontent.com/pod-product-compliance
Lightning Source LLC
Chambersburg PA
CBHW070352120526
44590CB00014B/1100